1830

Relation des Évènements

SE RAPPORTANT A

L'EXPÉDITION D'ALGER

OBSERVÉS ET DÉCRITS JOUR PAR JOUR

A BORD DU BRICK L'*ALERTE*

PAR

M. Réveillé de BEAUREGARD

Officier d'administration à bord de ce navire

DOCUMENTS INÉDITS

Précédés d'une introduction historique, et publiés par son fils,

R. DE BEAUREGARD,

Lauréat et membre de plusieurs sociétés savantes.

AIX

IMPRIMERIE J. NICOT, 16, RUE DU LOUVRE

1890

1830

EXPÉDITION D'ALGER

OUVRAGES DE M. R. DE BEAUREGARD FILS

NOTICE HISTORIQUE ET STATISTIQUE SUR LE CHOLÉRA D'ÉGYPTE en 1865, brochure in-8º, 1878. Typographie Cayer et Cie, rue Saint-Ferréol, nº 57, à Marseille.

L'ÉMIR IOUSSEPH-BEY-KARAM, ou LES DRAMES DE SYRIE, poème en sept chants, 1 vol. in-8º, 1879. Typographie Cayer et Cie, rue Saint-Ferréol, nº 57, à Marseille.

SAINT GILLES ET SON TOMBEAU, poème, brochure in-8º, 1879. Typographie Cayer et Cie, rue Saint-Ferréol, nº 57, à Marseille.

NOTICE HISTORIQUE ET STATISTIQUE SUR L'ÉPIZOOTIE EN EGYPTE, en 1863 et 1864, brochure in-8º, 1879. Imprimerie Générale Doucet, rue Chevalier-Rose, 1, à Marseille.

NOTICE HISTORIQUE SUR L'ILE DE CHYPRE, brochure in-8º, 1879. Imprimerie Générale Doucet, rue Chevalier-Rose, 1, à Marseille.

NOTICE HISTORIQUE ET BIOGRAPHIQUE SUR F. HENRICY-BEY, ancien Président de l'Intendance Sanitaire d'Égypte, brochure in-8º, 1880. Typographie Cayer et Cie, rue Saint-Ferréol, nº 57, à Marseille.

HISTOIRE DE LA JURIDICTION CONSULAIRE FRANÇAISE EN SYRIE, brochure in-8º, 1886. Imprimerie Marseillaise de M. Olive, rue Sainte, 39, Marseille.

PROMENADE DANS LA VALLÉE DE ROQUEFAVOUR, brochure in-8º, 1887. J. Nicot, imprimeur, à Aix.

PROMENADES DANS LA VILLE D'ARLES ET DANS SES ENVIRONS, 1 vol. in-8º, 1889, J. Nicot, imprimeur, à Aix.

1830

Relation des Évènements

SE RAPPORTANT A

L'EXPÉDITION D'ALGER

OBSERVÉS ET DÉCRITS JOUR PAR JOUR

A BORD DU BRICK L'*ALERTE*

PAR

M. Réveillé de BEAUREGARD

Officier d'administration à bord de ce navire

DOCUMENTS INÉDITS

Précédés d'une introduction historique, et publiés par son fils,
R. DE BEAUREGARD,
Lauréat et membre de plusieurs sociétés savantes.

AIX

IMPRIMERIE J. NICOT, 16, RUE DU LOUVRE

1890

INTRODUCTION

Un des premiers objets dignes de nous
occuper, c'est l'histoire de notre pays.

La relation de l'expédition d'Alger que je publie aujourd'hui est un livre-journal des évènements, tels qu'ils ont été observés à bord du brick l'*Alerte*, commandé par M. Andréa de Nerciat, capitaine de frégate et aide de camp de l'amiral Duperré.

Mon père, auteur de cette relation, remplissait, à bord de ce navire, les fonctions d'officier d'administration. Son livre-journal contient tout ce qui s'est passé, jour par jour, sous ses yeux, depuis le 12 mai jusqu'au 26 juillet 1830.

Cette relation a été faite par lui, comme souvenir de faits d'armes d'une expédition nationale dont il aimait à s'entretenir. Jamais la pensée ne lui était venue d'en faire la publication.

Tous ceux qui ont pris part aux évènements de la conquête d'Alger ont disparu de la scène du monde. Mon pauvre père est de ce nombre depuis l'année 1879, et le hasard seul m'a fait retrouver ce livre-journal, enfoui depuis longtemps dans de vieux papiers de famille.

Parmi les faits dont il parle, il peut s'en trouver, ce me semble, qui puissent ajouter quelque intérêt à l'histoire de la conquête d'Alger, à laquelle ils se relient étroitement, car entre l'expédition et la conquête il y a un ensemble d'efforts et de gloire impossible à méconnaître.

Plusieurs historiens ont écrit sur la conquête d'Alger, sans manquer jamais de parler de cette mémorable expédition et d'en faire ressortir toute l'importance, soit par les difficultés, les périls dont elle a été entourée, soit par les souvenirs glorieux ou néfastes restés dans la mémoire de ceux qui en ont fait partie.

On connaît la large part prise par notre vaillante armée dans cette glorieuse campagne à laquelle nous devons la possession de la terre d'Afrique ; entreprise entourée de mille obstacles, alors que la vapeur ne fournissait pas encore les éléments de force et de vitesse dont on dispose aujourd'hui pour faciliter les débarquements.

Le rôle important joué par l'armée et par la marine dans cette expédition, la manière dont elle a été conduite, n'ont pas manqué de fournir matière à d'utiles et intéressants récits, où l'on trouve partout le dévouement.

Nos glorieux succès sur la plage africaine amenèrent avec eux un évènement important. Cette conquête délivrait la Méditerranée des pirates dont les populations maritimes redoutaient encore les entreprises audacieuses. Les équipages, les passagers jetés par la tempête sur les côtes barbaresques, que n'avaient-ils pas à souffrir de l'accueil inhospitalier de cette partie de l'Afrique, où florissait le christianisme sous la domination romaine ; où saint Augustin, évêque d'Hippone, fut le flambeau de l'Eglise universelle ; où, bien des siècles après, saint Louis, à son retour de la Palestine, était venu mourir ?

Nous devons dire aussi que cette victoire de la France, en même temps qu'elle portait un rude coup à la puissance de Mahomet sur les côtes de la Barbarie, ouvrait aussi un chemin à la conquête française et à la civilisation sur cette terre étrangère, devenue de nos jours une seconde France, placée entre la Méditerranée au nord et le grand désert du Sahara au sud ; limitée à l'est par la régence de Tunis et à l'ouest par l'empire du Maroc.

La vaste contrée contenant nos possessions algériennes est comprise entre le 22° et le 27° de latitude, entre le 6° de longitude orientale et le 4° degré de longitude occidentale à compter du méridien de Paris. Elle embrasse cinq degrés du nord au sud et six degrés de l'est à l'ouest.

Dans le mois de juin 1830 l'armée française opérait son débarquement et, après de glorieux faits d'armes, s'emparait de la ville d'Alger forcée de se soumettre, malgré les titres pompeux de *Bien gardée,* de *Victorieuse* que lui donnaient les habitants, parce qu'elle avait pu résister jusqu'alors, depuis les temps les plus reculés remontant aux Carthaginois et aux Romains, aux attaques de tous ses ennemis, à la conquête des Arabes, et à la domination des Turcs.

La conquête de tout le territoire algérien a été complétée vingt-sept ans après la première expédition, par la soumission, au mois de juillet 1857, de la grande Kabylie, restée jusqu'à cette époque indépendante.

Les causes qui ont amené l'expédition d'Alger sont l'insulte grossière faite par le dey Hussein-Pacha à notre consul général, M. Deval, et les paroles offensantes proférées contre le roi de France et contre tous les chrétiens.

Cet évènement, dans lequel il faut voir la source de l'expédition, eut lieu le 27 avril 1827.

M. Deval s'était présenté ce jour-là, avec les autres représentants étrangers, pour complimenter le dey à l'occasion des fêtes du Beïram. A la suite d'une conversation, dégénérée en discussion assez vive, entre notre représentant et le dey, ce dernier, dans un moment de colère, s'oublia au point de frapper de son chasse-mouche M. Deval au visage, en présence des consuls étrangers.

Une réparation éclatante fut demandée et on l'attendit en vain. Le représentant de la France eut ordre alors de cesser tous rapports officiels avec la Régence, et s'embarqua le 11 juin 1827 sur un des navires de guerre envoyés pour le prendre avec nos nationaux établis à Alger.

Dès lors l'expédition était résolue. L'embarquement des troupes par divisions commença le 11 mai 1830. Le 17 mai toutes les troupes et les chevaux étaient embarqués, mais le vent, qui n'avait pas cessé d'être au sud-ouest, empêchait la flotte de sortir de la rade de Toulon (1).

Le 25 mai le vent ayant soufflé du nord-est au sud-ouest, l'ordre fut donné, à 1 heure de l'après-midi, de mettre à la voile.

A 3 heures les escadres appareillèrent, et à 5 heures elles étaient au large avec les bâtiments du convoi, faisant route vers les îles Baléares.

La flotte se divisait en trois parties : les bâtiments de guerre, la flottille de débarquement et le convoi.

La flotte de guerre se composait de 103 navires, dont 51 venus des ports de l'Océan, et 52 des ports de la Méditerranée. Les transports étaient au nombre de 357, auxquels il faut ajouter les chalands pour le débarquement des troupes et du matériel, les bateaux plats ou radeaux au nombre de 112 : et l'on arrive ainsi au chiffre total de 675 bâtiments de guerre et de commerce.

Le capitaine de vaisseau baron Hugon commandait la flottille; le contre-amiral de Rosamel était le commandant en second de la flotte, et le contre-amiral Mallet remplissait les fonctions de chef d'état-major.

Parmi les officiers supérieurs jouissant d'une grande réputation de mérite et de savoir, se trouvaient MM. Villaret de Joyeuse, Villeneuve-Bargemon, Casy, Massieu de Clerval, du Petit-Thouars, de Robillard et autres, pourvus de commandements.

Leurs noms, pour ceux qui, comme nous, ont vu s'écouler leur jeunesse à Toulon, sont restés familiers à notre oreille.

L'effectif de l'armée de terre s'élevait au total de 37,331

---

(1) J'ai trouvé sur une feuille à part, collée au livre-journal de mon père les deux ordres du jour dont l'un adressé à l'armée le 10 mai 1830, par le général en chef comte de Bourmont, et l'autre à l'armée navale, le 18 mai 1830, par le contre-amiral Duperré, à bord du vaisseau *La Provence*.

Voir, pour ces deux documents, à la fin de cet ouvrage.

hommes, 4,008 chevaux. Le parc d'artillerie de siège se composait de 82 pièces de gros calibre et de 9 mortiers (1).

La relation, sous forme de journal, de l'expédition maritime d'Alger, faisant l'objet de la présente publication, est une page inséparable des faits historiques sus mentionnés et qui instruisent le lecteur des causes de cette entreprise de guerre et des préparatifs qui l'ont précédée.

Quant à moi, quoique bien jeune, à l'époque de l'expédition d'Alger, je n'ai cependant rien oublié de ce jour mémorable du 25 mai 1830 qui marque, dans les annales de notre histoire, le départ de notre flotte.

Ma mère, voulant assister à la mise à la voile du brick l'*Alerte*, où se trouvait mon père, nous emmena, ma sœur et moi, à la presqu'île de Saint-Mandrier. Après avoir gravi les pentes escarpées du cap Cepet, nous atteignîmes son sommet, où, assis sur le tombeau de l'amiral Latouche-Tréville, que surmontent des boulets en forme de pyramide, nous assistâmes au coup-d'œil splendide que le départ de la flotte offrait à la population de Toulon.

Cette population, considérablement augmentée par une multitude d'étrangers, occupait les hauteurs du cap Brun, du fort Lamalgue et toutes celles qui dominent la rade de Toulon.

D'après mes souvenirs on pouvait se croire en face d'un vaste amphithéâtre, offrant l'aspect des couleurs les plus variées et le plus bizarrement assorties, la scène brillamment éclairée par les rayons d'un beau soleil de mai.

Enfin, chaque vaisseau s'éloigne peu à peu l'un de l'autre, allant prendre en mer son ordre de bataille. Au coucher du soleil les voiles des navires nous apparaissaient à l'horizon comme des ailes de cygne.

---

(1) *Histoire de la Conquête d'Alger*, par Alfred NETTEMENT, p. 238. — Voir aussi *Précis historique et administratif de la Campagne d'Afrique*, par le baron DENNIÉE, intendant en chef de l'armée d'expédition, Paris, 1830.

Nous fîmes un dernier et suprême adieu : je l'extrais de mon cœur comme le plus durable et le plus beau souvenir de mon jeune âge.

> Adieu, marins, soldats, adieu flotte puissante
> Dont les canons fourbis, à la gueule béante,
> Présentant un aspect terrible et menaçant
> Porteront la terreur aux peuples du Croissant !
> Vous saurez châtier ces hordes de barbares
> Qui, par leurs cruautés, rappellent les Tartares.
> Soldats, je crois vous voir vainqueurs de toutes parts
> Franchissant les fossés et les plus hauts remparts,
> Sans jamais arrêter l'ardeur qui vous domine....
> Tout tombe sous vos coups dans un élan sublime,
> Car vous vengez la France et l'honneur du drapeau.
> Mourir pour la patrie est l'acte le plus beau.

R. DE BEAUREGARD fils.

1830

EXPÉDITION D'ALGER

BRICK L'*ALERTE*

Commandé par **M. Andréa de NERCIAT**

Capitaine de Frégate, Aide de Camp de l'Amiral DUPERRÉ

Du 12 mai 1830

S. A. R. le Prince d'Angoulême a passé la revue générale de l'escadre. Il a été salué par les équipages, placés sur les vergues, et MM. les officiers en grande tenue, par trois fois : *Vive le Roi !* Les bâtiments, à l'exemple de l'*Amiral*, ont fait le salut de vingt et un coups de canon. S. A. a passé le long du bord et a, avec des paroles d'une douceur et d'une bienveillance qui lui est toute particulière, répondu aux félicitations de M. le commandant de Nerciat.

Du 17. — Ordre de l'amiral Duperré :
Défense, à qui que ce soit, de communiquer avec la terre.

Du 18. — Tous les bâtiments du convoi sont affourchés, et prêts au départ. L'escadre met sous voiles, le 25 mai à 2 heures après midi, par une jolie brise de O. N. O. sur trois lignes :

La 1re division *A. Duperré.*

La 2me » *C. A. Rosamel.*

La 3me » bâtiments de la flottille protégés par la *Créole,* capitaine de vaisseau Hugon.

Petite voilure, nous guidant sur la marche de l'*Amiral.* Au coucher du soleil l'escadre était déjà rangée sur trois lignes.

Du 26. — Même brise de N. O. Nous portons à l'O. 1⁄4 S. O. A 6 heures du matin, le bateau à vapeur le *Sphinx* est envoyé reconnaître deux navires, aperçus sous le vent. Le vaisseau le *Breslaw* est détaché de l'escadre pour aller protéger le convoi. A midi le *Sphinx* est de retour ; il passe à poupe de l'*Amiral* pour rendre compte de sa mission. Aussitôt l'*Amiral* vire vent arrière et va au devant des deux navires signalés. L'un d'eux est une frégate française qu'on reconnaît être la *Circé* ; elle salue l'*Amiral* de treize coups de canon. L'autre est la corvette l'*Algérienne* portant un pavillon rouge au grand mât. Entrevue de l'Amiral avec le commandant de ce bâtiment. A 4 heures 1⁄2 l'*Amiral* reprend sa route ; on laisse arriver sur lui ; à 7 heures chacun a repris son poste.

Du 27. — Beau temps, belle mer, faible brise d'E. N. E. Le *Breslaw* reprend son poste dans l'escadre. Le bateau à vapeur le *Rapide* est envoyé à Toulon pour réparer des avaries qu'il a signalées. A 5 heures le brick l'*Alerte* reçoit l'ordre de chasser en avant pour découvrir la terre qu'on n'aperçoit pas encore au coucher du soleil.

Du 28. — Forte brise du N. N. E. Temps brumeux, grosse mer. A 6 heures du matin on reconnaît la terre droit devant. A midi l'*Alerte* reçoit l'ordre d'aller reconnaître deux navires qui sont sous le vent et de rallier l'escadre sous le vent de Majorque.

Arrivée dans l'escadre du bateau à vapeur le *Souffleur* apportant des dépêches à l'Amiral. A 4 heures 3|4 l'*Alerte* retourne pour rendre compte de sa mission et reçoit en même temps l'ordre de chasser, en avant, à deux milles. A 8 heures du soir le temps est beau, le vent est moins fort, petite voilure.

Du 29. — Le brik le *Rusé*, détaché de la croisière d'Alger, salue l'*Amiral* devant l'île de Majorque. A 8 heures l'*Amiral* rend le salut. Beau temps, belle mer, quoique un peu houleuse. Le *Sphinx* est expédié à Palma. A 6 heures le vent passe à l'E. Jolie brise. L'*Alerte* chasse en avant de l'*Amiral*.

Du 30. — Le vent a la même portée, bon frais, le ciel couvert avec mauvaise apparence. A 7 heures on aperçoit quelques navires de la croisière. La frégate la *Syrène* fait à l'*Amiral* des signaux télégraphiques. A midi l'*Alerte* est envoyé pour reconnaître la terre. Nous relevons le cap Bengat. A 3 heures nous retournons auprès de l'*Amiral*. Le temps continue à être mauvais. Au coucher du soleil, l'*Amiral* signale à la flotte de s'éloigner de la terre.

Du 1er *Juin*

Temps à grains, ciel nuageux, brise très faible d'E. Le convoi reçoit l'ordre d'aller mouiller à Palma.

A 6 heures l'*Alerte* parcourt toute la ligne de réserve, portant aux navires de cette division l'ordre d'aller mouiller au même port. Le reste de l'escadre fait route se dirigeant sur le même point. A 7 heures du soir tous les navires de guerre sont dans le golfe de Palma. La réserve seule y mouille. L'*Amiral* prend la bordée du large et l'*Alerte* est envoyé porter des ordres à la *Créole* et prendre un officier qui vient de France, à bord du *Souffleur*, avec des dépêches très pressées pour M. le général de Bourmont. On ne trouve ni la *Créole* ni le *Souffleur* au mouillage de Palma.

Du 2. — Même temps, même vent que la veille. L'escadre louvoie dans le golfe de Palma, se tenant ainsi à l'abri du vent. La *Créole*, montée par M. le commandant de vaisseau Hugon et le convoi sous ses ordres, ayant été égarés, on envoie la frégate la *Didon* ainsi que l'*Alerte*, pour les chercher sous le vent. A midi, nous signalons à l'*Amiral* une partie du convoi à une bonne distance. L'*Alerte* rejoint l'*Amiral* dans la nuit.

Du 3. — Temps à grain, ciel nuageux, le vent toujours à l'E. et pluie par intervalles. L'escadre est disséminée sans ordre devant Majorque. Une partie du convoi rallie et va au mouillage de Palma. A 5 heures jolie brise de N. O. L'*Alerte* va rallier les navires du convoi qui sont encore disséminés.

Du 4. — Beau temps, beau ciel, calme plat. Le bateau à vapeur le *Souffleur* arrive auprès de l'*Amiral* ; des navires du convoi et de la flottille apparaissent à l'horizon. Rien de nouveau dans le reste de la journée. L'armée est en vue dans le S. S. O.

Du 5. — Beau temps, peu de vent, ciel couvert. A 9 h. le commandant de l'*Alerte* est appelé à bord du vaisseau *Amiral*. Il reçoit des vivres frais pour les malades (33 kilogs de viande), ainsi que des dépêches et des lettres pour l'armée. A 11 heures l'*Alerte* va remplir sa mission ; il passe à poupe de tous les navires de la première escadre et du vaisseau le *Trident*, leur remet des paquets et retourne à 6 heures du soir auprès de l'*Amiral*.

L'armée est découragée ; de toutes parts on se demande pourquoi cette lenteur, pourquoi un séjour si long devant Palma. Conjectures de chacun à ce sujet : les uns maudissent les Anglais, les autres accusent la diplomatie française, etc. etc. Si l'on en croit des gens qui se disent bien informés, l'*Amiral* attend que tout le convoi et la flottille soient réunis à Palma, pour faire route sur Alger.

Des 6, 7, 8 et 9. — Le temps est brumeux, la pluie tombe par intervalles. Point d'ordre encore pour faire route sur Alger, ou pour rentrer au port de Toulon. L'*Amiral* se tient près de terre, tandis que le reste de l'escadre est au large. Une correspondance assez vive a lieu entre lui et la terre ; le bateau à vapeur et les bricks-mouches sont souvent mis en mouvement ; des bateaux espagnols apportent des provisions fraîches aux navires les plus près du port. La goëlette la *Daphné* arrive de France, elle se place auprès de l'*Amiral* et remet des dépêches très pressées.

Du 10. — Le ciel est peu chargé, mais le temps est beau ; jolie brise d'E. N. E ; enfin le convoi et la flottille sortent de la baie de Palma.

Le *Ducouëdic* reçoit l'ordre d'aller rallier l'armée, sous le vent, dans le S. O. L'*Amiral* signale la route, c'est le S. S. O. Enfin nous faisons voile pour Alger. La mer est couverte de voiles. La petite flottille est placée entre l'armée et la réserve. A 4 heures l'*Alerte* porte à des navires, au vent, (1) l'ordre d'aller au mouillage de Palma ; le temps est beau et la brise assez fraîche.

Du 11. — Le vent se maintient à la même portée, joli frais. Dès le matin, l'*Alerte* reçoit l'ordre d'aller transmettre à la croisière la nouvelle de l'arrivée de l'escadre. A 4 heures du soir on découvre Alger, l'*Alerte* fait des signaux télégraphi-

---

(1) Ces navires étaient des bâtiments marchands qui n'avaient rallié l'armée qu'à cette époque.

ques à la *Syrène*, celle-ci appelle le commandant de Nerciat à bord. A 8 heures du soir l'*Alerte* retourne auprès de l'*Amiral* qu'il rejoint dans la nuit.

Du 12. — Le vent se maintient à la même portée, bon frais. Dès le matin l'*Alerte* reçoit l'ordre d'aller sonder le mouillage de Torre-Chica (Sidi-el-Ferruch.) Sur toute la côte, depuis Alger, la mer est grosse et déferle avec furie sur la plage. Cependant les deux baies de Torre-Chica paraissent assez belles ; le mouillage de l'ouest est reconnu le plus sûr.

L'*Alerte* retourne ensuite auprès de l'*Amiral*, qu'il ne rejoint que dans la nuit. On fait route vers Alger. Le temps est plus beau, le vent est tombé de la moitié. Notre commandant nous apprend, avec regret, le malheur arrivé aux bricks l'*Aventure* et le *Silène,* naufragés entre le cap Bingut et Matifou, le 16 mai.

On ne sait encore rien sur le sort de l'équipage de ces deux bâtiments, cependant on assure que tous n'ont pas été tués et que le consul anglais, ainsi que celui de Sardaigne, ayant obtenu du dey la mise en liberté des deux capitaines, ceux-ci ont refusé de séparer leur sort de celui de leurs matelots. Dévouement bien digne de deux officiers français. Que de familles cet évènement va plonger dans le deuil ! Conçoit-on un sort plus affreux ? Que le Ciel veille sur eux !...

Du 13. — Le temps paraît devenir plus beau, la mer tombe dès le matin, l'*Amiral* fait voile vers la terre, ainsi que toute la flotte. On met en panne à deux lieues d'Alger. Aussitôt le vaisseau la *Provence* (Amiral) fait signal à l'armée de se préparer au combat. Le brick l'*Alerte*, en tête de l'armée, se dirige sur Torre-Chica, suivi de toute l'escadre qui défile en bon ordre et par un beau ciel, en présence des batteries algériennes.

L'*Alerte* sonde la baie à l'est de Torre-Chica, à une demi-portée de pistolet de la terre et d'une tour bâtie sur la pointe. Au moment de contourner celle-ci, la frégate la *Syrène* qui s'était embossée devant, lui crie de se retirer bien vite, qu'elle va faire feu : ce que le brick exécute promptement. Le feu n'eut pas lieu.

Le *Dragon*, commandé par M. Legros-le-Blanc, capitaine de frégate, aide de camp de l'*Amiral*, sonde la baie, du côté de l'ouest de Torre-Chica.

Du 14. — Le calme le plus parfait succède à une nuit affreuse. A 3 heures du matin, la première division militaire se rend en ordre vers la plage dans des bateaux plats, suivis de ceux de la petite flottille, remorqués par les embarcations de l'escadre. Le débarquement s'opère avec une promptitude étonnante. Le 14me régiment est le premier à mettre pied à terre. Les Maures font une canonnade très vive d'une redoute placée assez près du rivage ; mais ils sont bientôt cernés et culbutés de toutes parts. A 6 heures le pavillon blanc flotte sur la tour de Torre-Chica. Le drapeau y a été planté par un de nos marins qui, étant à terre et ne voyant aucun ennemi devant lui, court avec rapidité, s'élance vers la tour, grimpe et l'arbore en criant à nos soldats : « Il n'y a personne. »

Le général en chef, M. de Bourmont, débarque avec la 1re division. Un boulet ennemi passe très près de lui au moment où il s'élance au rivage. Un de ses aides de camp est emporté. Il décore de sa propre main, sur le champ de bataille, un soldat d'artillerie qui se rend, lui seul, maître de deux pièces de canon et d'un drapeau. Ce brave est blessé presque aussitôt. De 6 heures à 10 heures du matin une vive canonnade s'engage de toutes parts. Une redoute de trente pièces de canon résiste quelque temps au feu de notre artillerie et à celui de deux bricks et une corvette embossés à l'est de Torre-Chica : la *Bayonnaise*, l'*Action* et la *Badine*.

Le feu de ces trois bâtiments a fait un mal considérable à l'ennemi, l'obligeant d'abandonner sa position et ses pièces d'artillerie. A 11 heures, tout le feu a cessé, mais un quart d'heure après il s'engage une fusillade très vive dans les bois et dans les sentiers voisins du débarquement. A midi, nos troupes couronnent les hauteurs les plus voisines du rivage ; cependant elles sont obligées de marcher en avant et en colonne serrée pour résister au choc de la cavalerie maure. Plusieurs combats s'engagent partiellement et partout l'ennemi est repoussé. Les Maures paraissent être en très grand nombre. Pendant toute la journée les embarcations des navires ont remorqué avec la plus grande activité les troupes et les objets de campement et d'approvisionnement. M. Deloffre, capitaine de plage, montre la plus grande activité.

On s'occupe de faire de la presqu'île de Torre-
Chica et des environs un camp retranché, on
fortifie la tour. Une corvette sarde arrive et salue
à la voile. L'Amiral lui fait rendre le salut par la
frégate la *Syrène.*

Bulletin de la journée: les Français ont eu,
dans cette journée, quarante hommes tués et cent
blessés.

La perte de l'ennemi n'a pu être bien évaluée,
les Maures enlèvent leurs morts. Douze canons,
deux obusiers, neuf drapeaux, quarante chevaux
et beaucoup de provisions sont tombés en notre
pouvoir.

La victoire n'a pas été un moment douteuse,
dans peu de jours la France sera vengée.

Le *Sphinx* part pour la France à 9 heures du
soir.

Du 15. — Le ciel est beau, mais le vent à l'ouest,
assez frais, et la mer grosse contrarient un peu les
opérations du débarquement. Cependant on paraît
travailler avec la plus grande activité ; l'armée
couronne toujours les hauteurs de la presqu'île et
paraît décidée à ne pas marcher en avant.

Il s'engage néanmoins une légère fusillade entre la cavalerie ennemie et nos avant-postes. A
4 heures du soir, l'*Alerte* et le *Griffon* sont envoyés dans la baie de l'est remplacer les navires
qui y étaient déjà ; le calme les empêche de s'y
rendre sur le champ. La frégate l'*Armide*, arrivée
de Toulon depuis trois jours, appareille pour
retourner dans le Levant.

Du 16. — Temps orageux, couvert dans l'ouest. L'*Alerte* se place à son poste, très près de terre (par quatre brasses et demie de fond) à portée de canon de quatre et s'embosse : il fait feu sur un gros de Bédouins qui traversaient une rivière près du rivage ; ceux-ci font la fusillade contre le bâtiment. Peu après le vent augmente, la mer devient très grosse, enfin le vent devient tellement fort qu'on s'attend, à chaque instant, d'aller à la côte, dans l'impossibilité où nous sommes d'appareiller. Plusieurs embarcations des autres bricks sont coulées par les vagues et s'en vont à la côte.

A midi, le vent et la mer tombent comme par enchantement. Les Bédouins accourent aussi nombreux que des troupeaux de moutons, poussant des cris et faisant des bravades, sautant, caracolant. Notre armée ne remue pas et n'envoie, pour les repousser, que quelques tirailleurs.

Du 17. — Le temps est beau, un peu de houle du côté de l'ouest. Un convoi considérable rallie et mouille près de l'armée. Les opérations de débarquement se continuent très activement. Pas d'engagement sérieux entre les deux armées. Nous appareillons avec le *Griffon* qui, le soir, nous fait signal d'aller au mouillage. Effectivement nous reprenons notre ancien poste à l'est de Torre-Chica.

Du 18. — Cette journée est belle. Rien de particulier à ma connaissance.

Du 19. — Beau ciel, beau temps, belle mer. Les Bédouins accourent en foule et sans ordre sur le rivage pour tâcher de surprendre une batterie ; mais ils sont bientôt repoussés par un bataillon du 28me et par le feu continu de la batterie et des bricks l'*Alerte*, le *Ducouëdic* et le *Griffon*, mouillés à peu de distance l'un de l'autre et très près du rivage. A 10 heures, un gros de notre armée (infanterie) et quelques escadrons de cavalerie se dirigent vers une hauteur où se trouvent une redoute assez considérable et un camp retranché occupé par les Arabes.

Dans une heure, la hauteur, le camp et la redoute sont enlevés par nos troupes ; les Bédouins s'enfuient de toutes parts, on n'en voit bientôt plus aucun dans la campagne. Nos troupes couronnent les hauteurs occupées par ces hordes de barbares ; le pavillon français flotte sur la redoute ennemie. Cette affaire a eu les résultats les plus avantageux pour nos troupes ; voici quelques détails qui nous sont transmis par un officier français.

Affaire du 19 juin. — Le général en chef, ayant résolu de ne marcher contre Alger que lorsque tout le matériel et les approvisionnements de l'armée seraient débarqués, ne s'inquiétait nullement des petites attaques et des bravades des Bédouins qui, tous les jours, venaient en assez grand nombre vers nos avant-postes. Ces peuplades avaient pris ce repos et ce calme de notre armée pour de la frayeur, et le dey d'Alger avait mandé aux chefs de cette milice désordonnée *de nous jeter tous dans la mer,* chose qui avait paru très facile à ceux-ci qui se promettaient de souper à Torre-Chica le 19 au soir.

En conséquence, dès 4 heures du matin toute la plaine qui s'étend de l'est à l'ouest de Torre-Chica était couverte de Bédouins, fantassins ou cavaliers. A leur tête se trouvaient le dey d'Oran, le ministre de la guerre, beau-frère du dey, et un aga. Ils attaquèrent notre armée sur tous les points, ayant, dans la nuit, contourné nos avant-postes de l'ouest. Cette fois, ce ne fut pas une vaine escarmouche, il fallut que toute notre armée prît les armes et marchât contre eux. Les bricks l'*Alerte*, le *Ducouëdic* et le *Griffon*, mouillés dans la baie de l'est donnèrent l'éveil aux troupes par un feu continuel de leur artillerie : sans eux, nos avant-postes de l'est étaient contournés et l'armée enveloppée en partie.

Aussitôt que nos masses d'infanterie commencèrent à se mouvoir, la fusillade la plus vive s'engagea de toute part. Deux bateaux à vapeur, le *Nageur* et le *Coureur*, firent reculer l'ennemi dans la partie de l'ouest, et les bricks déjà cités l'empêchaient de s'approcher du rivage, lorsqu'il accourait en foule à l'est de Torre-Chica.

La fusillade continuait encore, à 10 heures du matin, lorsqu'on s'empara d'une hauteur où les Arabes avaient quatre pièces de canon : elle faisait face à une redoute placée un peu plus haut, devant le camp ennemi, où se pressait déjà cette multitude d'Arabes.

Notre artillerie s'y établit et fit un feu si bien nourri et si bien dirigé que nos ennemis, épouvantés et par le nombre de leurs morts et par le désastre que leur faisait les fusées à la congrève qu'on leur lançait et qu'ils ne comprenaient pas,

prirent la fuite vers les 11 heures et demie, aban-
donnant leurs batteries, leur camp et un village
entier au pouvoir de nos troupes.

Le succès brillant de cette journée a montré à
ces sortes d'hommes ce que peuvent nos soldats.
Il aura peut-être le plus contribué à la gloire de
l'expédition.

Plusieurs tribus d'Arabes ont envoyé des par-
lementaires au général en chef. Ils demandent
qu'on respecte leurs femmes et leurs mosquées ;
on leur répond que les Français n'en veulent pas
à eux, mais bien à leur dey, et, sur cette réponse,
ils se retirent dans leurs montagnes.

On a trouvé dans le camp ennemi : mille tentes,
dont trois, appartenant aux chefs, sont de la plus
grande et rare beauté, celle du dey d'Oran doit
être envoyée à S. A. R. le Duc d'Angoulême ;
deux cents chevaux ; trois cents moutons ; une
quantité considérable de tabac, café, orge, avoine
et du fourrage ; 30 à 40,000 francs à peu près,
renfermés dans une cassette : c'était là le trésor
du dey ; des schalls, des ceintures et des bourses
garnies d'argent.

Tout ceci prouve avec quelle promptitude ils
avaient pris la fuite, puisqu'ils oubliaient leurs
trésors.

Un caporal de voltigeurs ayant trouvé dans
une bourse une somme de 4 à 5,000 francs, venait
les déposer dans les mains du général, lorsque
celui-ci lui ordonna de les garder et de les rece-
voir comme une récompense.

La perte de l'ennemi a été considérable : on

estime à peu près à dix des leurs pour un des nôtres. Le camp et la redoute étaient couverts de morts ; plusieurs blessés Arabes et Turcs ont été portés à nos ambulances où on leur prodigue tous les soins possibles.

Les Français ont acheté cette victoire par la mort de deux cents hommes, dont trois officiers ; les blessés sont portés au nombre de trois cents, dont quinze ou seize officiers. Voici quelques traits de bravoure qui font honneur à nos soldats.

Un sergent du 28me, déjà blessé et couvert de sang, sort des rangs et court vers l'ennemi ; son colonel le fait appeler, lui crie lui-même de reprendre son poste. Alors le vieux soldat s'arrête et dit : « Laissez-moi faire, mon colonel, maintenant je suis blessé, ma vie vaut moins que celle d'un autre ; je ne retournerai parmi mes camarades qu'avec ce drapeau rouge que je poursuis depuis une heure. » A ces mots, il court vers les Arabes et revient dans les rangs avec le drapeau ennemi qu'il convoitait. Ce brave est couvert de blessures, mais on espère qu'il ne perdra pas la vie.

Un caporal poursuivait un Arabe qui avait déjà déchargé sur lui son fusil et ses pistolets. Il était sur le point de l'atteindre et de faire feu sur lui, lorsque celui-ci jette son fusil et fait signe qu'il se rend. Le généreux caporal ne tire pas et se contente de le faire marcher devant lui ; mais l'Arabe profite d'un moment où le caporal chargeait son arme, il s'élance sur son fusil et tue le malheureux qui venait de lui accorder la vie

Un vieux sergent d'artillerie de terre, pointe un mortier. Son capitaine lui crie de bien viser et de ne pas manquer : « Si je ne partage pas cet arbre entouré de Bédouins, mon capitaine, je veux m'arracher mes galons. » Il tire et, en effet, la bombe tombe sur le tronc de l'arbre, le partage et éclate au milieu d'une foule d'Arabes qu'elle renverse de tous côtés.

Du 20. — Les soins prodigués dans notre camp aux prisonniers arabes blessés, le renvoi de plusieurs d'entre eux chargés de provisions de toute espèce et surtout la petite leçon du 19, ont fait retirer dans leurs montagnes ces masses d'hommes ou, pour mieux dire, ces sauvages accourus dans le seul but de piller. A présent, ils viennent dans notre camp, nous vendent leurs bestiaux, leurs légumes et autres provisions.

Du 21. — Après la journée du 19, nous continuions à débarquer le restant du matériel de l'armée. Dès le matin du 21, le vent commençait à souffler de la partie du sud. A midi, l'*Amiral* fait signal à l'armée que chaque commandant est libre de faire telle ou telle manœuvre convenable au salut de son bâtiment. Hélas ! le baromètre signalait : tempête, et nous avions à lutter contre ce vent du désert qui avait mis, dans les siècles passés et à plusieurs époques, les flottes hollandaise et espagnole dans la détresse la plus complète.

Il y avait à craindre pour notre expédition, si notre armée navale éprouvait ces mêmes malheurs.

Aussitôt après le signal de l'*Amiral,* nous mettons sous voiles ; beaucoup d'autres bâtiments font la même manœuvre. L'*Amiral,* trois autres vaisseaux et une frégate restent au mouillage, calent leurs mâts de hune et mettent les vergues bout au vent, qui éclate comme un grand coup de canon. Le ciel est cuivré, l'horizon sombre et les nuages sont d'une noirceur extraordinaire. Le jour a fait place à une sombre obscurité où gronde le vent du désert (*Kamsin*).

L'*Amiral,* en vue duquel nous étions, fait signal à l'escadre de s'éloigner de la côte. Nous nous laissons courir vent arrière. La chaleur intense du vent et sa force nous empêchent de respirer. A 8 heures du soir la pluie commence. Les éclairs et les tonnerres qui se succèdent avec une puissance inaccoutumée épouvantent nos matelots. La foudre tombe çà et là et l'*Alerte,* avec son ris à la misaine et le grand hunier au bas ris, faisait une course dont on ne pouvait se rendre raison avec le loch. Les feux de saint-elme couronnant nos vergues, nos mâts et nos cordages, le bâtiment paraissait tout illuminé. Nous ne pouvions tourner les yeux vers le vent, le sable poussé par ce vent furieux nous aveuglait.

Pendant la nuit, tout le monde était sur le pont et chacun à son poste. Le phosphore de la mer nous faisait voir les vagues, fendues par la rapidité de la marche du bâtiment, comme de grands flocons de neige qui passaient le long du bord. Ce temps a duré toute la nuit et une partie de la matinée, et les matelots se voient dans la nécessité de jeter à la mer, avec des pelles, le sable qui se trouvait en grande quantité, sur le pont du navire. A 10 heures, le vent diminue de sa force. Nous larguons les ris et à 11 heures nous sommes par le travers de Majorque.

Nous déplorions la situation des bâtiments restés au mouillage avec la petite flottille. Que deviendra notre expédition ? disions-nous, si nos bâtiments sont jetés à la côte. Le commandant fait virer de bord et, par une jolie brise d'ouest, nous mettons le cap sur la côte d'Afrique. Nous y arrivons le 23, à 8 heures. L'*Amiral* nous donne l'ordre de venir à notre ancien mouillage. A 9 heures, nous jetons l'ancre, le commandant est appelé à bord de l'*Amiral*. Nos vaisseaux ont fait des avaries. Quelques bâtiments de la flottille (petite) ont été jetés à la côte.

On s'occupe à la réparation des avaries et à celles que la flottille a pu faire. Nos bateaux à vapeur retournent au mouillage. Les vaisseaux, frégates, corvettes, bombardières et le restant de l'escadre retournent à leur poste.

Le 23, à 4 heures, le commandant nous permet d'aller visiter les travaux de retranchement que notre armée avait exécutés depuis son débarquement à Torre-Chica (*petite tour*), ainsi appelée par les Espagnols qui la construisirent, et bâtie à petite distance d'un cap qui, s'avançant dans la mer, forme, comme je l'ai déjà dit, deux baies, une à l'est, l'autre à l'ouest. A l'extrémité de cette petite presqu'île, nos ingénieurs ont creusé un large fossé faisant communiquer la mer des deux côtés avec un pont-levis au milieu dudit fossé. Par suite de ces petits travaux, le cap n'est plus une presqu'île, c'est une île.

Plus loin, à une distance moyenne, vers la terre ferme, on a fait un fossé assez large, qu'un cheval au grand galop ne pourrait franchir, formant des angles et des triangles ; des remparts formés avec de la terre et des broussailles ont été élevés et, en avant de ces fortifications sont les emplacements pour les chevaux de frise. Au centre de ces mêmes fortifications formées comme par enchantement sont placées les tentes de campagne, ainsi que le local dit *hôpital*.

Autour de la tour, comme partie plus élevée, habite le général en chef, son état-major, le colonel d'artillerie et celui du génie. Après avoir visité les blessés et les prisonniers, nous sommes rentrés à bord à 6 heures du soir. Depuis la grande bataille du 19, nos troupes reposaient ; mais le coup de vent du 21 les tenait très inquiètes ; les craintes disparurent à la vue de nos vaisseaux. Le repos continua jusqu'au 23. Ce jour-là, nos troupes marchèrent en avant ; le 29, nous eûmes la nouvelle que le fort l'Empereur, distant d'Alger d'une portée de canon de vingt-quatre, serait attaqué par toutes nos forces, aussitôt que nos batteries seraient établies. La position du fort l'Empereur est très élevée et devient, par cela même, la clef de la ville ; sa construction n'est pas de premier ordre.

La canonnade commença dès ce jour.

Du 30. — La 2ᵐᵉ division navale, sous les ordres de M. le C. A. de Rosamel, reçut l'ordre de se préparer au combat. A 6 heures du matin les bombardières étaient placées devant la ville, et le feu commença de suite contre les forts de la ville et ceux établis le long de la côte. C'était bien beau de voir défiler les bâtiments de l'escadre l'un après l'autre devant les forts, s'arrêter un instant, leur lancer la volée entière de nos canons, après, virer de bord, repasser à portée de fusil et en faire autant au retour. Tandis que nous exécutions cette promenade les bombardières faisaient un feu bien nourri contre la ville. A 2 h. et demie le feu cessa.

Du 1er juillet

Dès la pointe du jour, un brick s'approchant du cap ouest d'Alger et ne portant aucun pavillon a été reconnu étranger à l'escadre. On le voit mettre en travers et faire des signaux télégraphiques à la maison de campagne où le consul anglais habitait et avec lequel il correspondait. L'Amiral donne ordre à l'*Alerte* de chasser ce brick, de le reconnaître, de lui intimer de s'éloigner de l'escadre et de le couler bas s'il n'obéissait pas. Nous lui donnons effectivement la chasse avec nos canons de 24.

Le brick, après avoir éprouvé quelques avaries dans ses cordages par nos boulets, hisse enfin le pavillon anglais, et, étant à petite distance de lui, le commandant lui communique avec le porte-voix les ordres de l'Amiral. Le brick vira de bord et on ne le revit plus parmi nous.

A la suite du même jour, nous découvrons le bateau à vapeur le *Sphinx,* qui remorquait le vais-seau-amiral la *Provence.*

Du 3. — A 8 heures, le vent soufflait de l'ouest, bonne brise. L'*Amiral* signale à l'escadre de se préparer au combat, de s'approcher des batteries de l'ennemi et de les détruire.

A 1 heure le feu commence de toutes parts. L'escadre, les troupes de terre, nos bombardières placées devant la ville, faisaient un feu suivi contre l'ennemi qui, de son côté, nous répondait également avec acharnement. C'est la frégate la *Bellone*, commandée par M. le capitaine de vaisseau Gallois qui, ayant été envoyée en avant pour reconnaître le terrain, commença le feu; ce commandant, dans cette circonstance, a montré son courage et sa hardiesse habituels. Ses camarades se plaisent à rendre justice aux talents de marin habile déployés ce jour-là. Enfin le feu devient général et vif de part et d'autre et sans discontinuer.

A 4 heures de l'après-midi, ordre de cesser le feu ; nous prenons la bordée du large : nous découvrons avec nos longues-vues les angles de divers forts démolis ; de deux, trois embrasures de canon, nous n'en avions fait qu'une seule, ce qui prouve que nos boulets avaient bien porté là où nos marins avaient visé.

Du 4. — Dès 3 heures du matin, étant à trois lieues de terre nous entendîmes une canonnade très vive et suivie : c'était la batterie de nos troupes composée de quarante canons de gros calibre, qui battait en brèche le fort l'Empereur. A 10 heures du matin nous étions tous sur le gaillard d'arrière à regarder avec nos longues-vues, lorsque tout à coup nous sommes surpris par l'effet le plus rare, le plus effrayant qu'il soit possible de voir : c'est le fort l'Empereur qui saute en l'air.

Aussitôt un fort nuage de poussière s'élève dans les airs à une hauteur immense et en forme d'éventail ; l'épaisseur de ce nuage a bientôt produit l'effet d'une éclipse ; l'explosion nous fait sentir une commotion si forte en deux secousses, que tous ceux qui étaient debout sur le pont, tombèrent. Nous ignorons si le feu a été mis par une bombe à un des magasins à poudre de la forteresse, ou par les Algériens prévoyant ne pouvoir échapper à l'assaut que nos troupes allaient donner; le fait est que le fort l'Empereur n'existe plus et que sa destruction est complète. Sa malheureuse garnison, composée de 1,500 à 2,000 Turcs, a péri, et se trouve, presque en totalité, sous les décombres de cette fortification naguère si redoutable.

Peu d'instants après que la fumée fut dissipée, nous vîmes le pavillon français flotter à un des angles du fort ; c'est alors que les équipages de tous les bâtiments, qui se trouvaient rangés en bataille sur deux lignes, crièrent par trois fois :: Vive le roi !

Toute l'armée étant par le travers du Matifou, nous aperçûmes un grand canot avec pavillon parlementaire, qui se dirigea sur le vaisseau amiral..

Du 5. — A 5 heures du matin le même parlementaire est venu à bord de l'*Amiral* en faisant des propositions très avantageuses et donnant pour garantie la personne du consul d'Angleterre. L'A--

miral a répondu, avec ce caractère ferme qui lui est si naturel « que les affaires d'Alger et de la France ne regardaient aucun individu et que nulle nation n'avait le droit d'intervenir ; que d'ailleurs ils devaient s'adresser également au général en chef de l'armée de terre. » Le parlementaire repartit aussitôt après avoir reçu cette réponse. A 3 heures le pavillon français flottait sur toutes les batteries et sur le palais du dey.

L'Amiral alors s'est écrié, dans un transport de satisfaction : « La France est vengée ; elle a enfin, par la force de ses armes, fait courber le turban orgueilleux du fier Arabe qui jetait la terreur parmi les peuples chrétiens et qui est réduit à l'obéissance. »

Tel est l'ouvrage de vingt et un jours de fatigues, dans une entreprise aussi hardie que colossale, contre un peuple qui s'était enhardi dans l'infâme métier de pirate.

Les pertes de l'ennemi sont très fortes, il serait même impossible de pouvoir les calculer. Nous avons perdu de cinq à six mille hommes en tout. Pour ce qui regarde la marine, nous n'avons eu que peu de mal : quelques boulets à fleur d'eau (le vaisseau *la Provence* en avait une trentaine dans ses flancs), des voiles percées, des manœuvres coupées. D'autres bâtiments ont souffert des avaries du même genre ; un canon de 36 a éclaté à bord de *la Provence ;* cet évènement funeste a causé la perte de 11 hommes et 13 blessés, parmi lesquels on compte M. le lieutenant de vaisseau Bérard. Nous venons aussitôt au mouillage.

Du 6. — A 8 heures du matin, en hissant les couleurs, l'Amiral fait signal de communiquer avec la terre ; il donne un ordre du jour rappelant aux marins la conduite qu'ils doivent tenir. Il rappelle aussi à MM. les commandants les articles de la capitulation, et leur enjoint de les faire connaître à leurs équipages en les lisant à haute voix.

Ces articles sont :

1° Respecter les mosquées et le libre exercice du culte mahométan ;

2° Respecter la personne du dey et son harem ;

3° Respecter les femmes et les enfants musulmans ainsi que leurs demeures.

Nous descendîmes à terre, et à l'endroit ordinaire du débarcadère se trouvaient amarrés une frégate, trois corvettes, six chobeks et d'autres embarcations plus ou moins grandes. Nous avons défilé dans les batteries, qui du reste étaient bien garnies de canons. Dans un endroit faisant angle, tandis que nous contournions le rempart pour prendre la porte de la Marine, nous vîmes le fameux canon surnommé *Boca-Negra ;* c'est une sphère à 7 bouches pouvant tirer sept coups les uns après les autres ; ce canon est en cuivre et d'une longueur extraordinaire.

Nous sommes entrés en ville par la porte de la Marine. Ayant pénétré dans l'intérieur, nous remarquons que les rues sont étroites, malpropres, la construction des maisons tout à fait à l'arabe ; partout sur notre passage on ne rencontrait que des soldats français circulant çà et là, portant dans leurs mains le butin fait la veille, pendant les quatre heures de pillage qu'on leur avait accordées. Les uns portaient des yatagans tout en argent, d'autres des pièces de toile et de soie, des pistolets, des fusils, des montres ; on aurait dit que c'était un bazar universel. Ils offraient ces objets à des prix bas pour boire la bouteille.

Enfin, arrivés presque au centre de la ville, toujours en montant, car Alger est en forme d'amphithéâtre, nous nous trouvâmes vis-à-vis la porte du trésor du dey. Là on avait placé une compagnie de grenadiers et on ne laissait entrer personne. Cependant comme le capitaine de cette compagnie était de notre connaissance, il nous fit entrer. Cette maison était basse avec une cour au milieu, et, tout autour, des chambres fermées par des portes très basses, fortes, épaisses et cerclées avec des fers très épais. Les fenêtres de quelques-unes des chambres étaient garnies de barreaux de fer aussi très épais. Nous avons visité toutes ces chambres, communiquant entre elles par des couloirs très obscurs. Le ciel-ouvert de la basse-cour intérieure était couvert d'une grille de fer. On nous assura que le trésor enfermé là s'élevait à la somme de soixante millions de tallaris (1) composée de toutes les monnaies du monde, et parmi lesquelles des plus anciennes.

Plus tard en circulant dans la ville, nous rencontrâmes quelques personnes sauvées du naufrage du *Silène* et de l'*Aventure*. Dans le nombre se trouvait le commissaire de l'*Aventure*, appelé

---

(1) Le tallaris représente une valeur de 5 francs de notre monnaie.

le *père Aubert* par les commis d'administration, parce qu'il était plus âgé que nous. Aussitôt qu'il me vit il vint à moi et nous nous jetâmes dans les bras l'un de l'autre : Ah ! mon cher camarade, s'écria-t-il, tout en brisant les chaînes de l'esclavage le plus infâme où nous étions plongés, la France, cette France chérie, a sauvé la vie à bien des malheureux de toutes les nations qui, comme nous, gémissaient. Nous voilà rendus à la liberté, et les exécrables portes d'un bagne aussi redoutable ne se refermeront plus sur nous le soir.

Nous priâmes le papa Aubert de nous accompagner. Il le fit d'autant plus volontiers qu'il avait la satisfaction de se trouver avec un de ses camarades et voisin de maison à Toulon. Il nous fit prendre la direction de la porte Bohazan ; ce n'était pas sans motif qu'il nous faisait suivre cette route. Arrivés là il nous fit lever les yeux vers la partie élevée de cette porte. Quelle horreur, en la voyant garnie de plus de deux cents têtes, les unes clouées au mur, les autres suspendues !

C'étaient les têtes de nos vaillants soldats. — Mes amis, nous dit-il, lorsque les Algériens faisaient des prisonniers, ils les conduisaient ici pour les décapiter en notre présence. Ceux de ces barbares qui apportaient des têtes recevaient un prix, et le dey ordonnait de les mettre à cet endroit. Ils se tournaient vers nous en nous disant : « Chiens de chrétiens, voici les têtes de vos compatriotes, on coupera les vôtres lorsque nous n'en aurons plus à couper. » Et on nous chargeait de coups de bâtons sur les épaules, et le peuple, à coups de pierres, nous faisait rentrer au bagne. On avait donné l'ordre de nous décapiter devant l'escadre, le jour où l'engagement décisif eut lieu : on aurait mis cet ordre cruel à exécution si M. le consul de Sardaigne n'avait fait faire des réflexions sérieuses au ministre de la marine, auquel il avait déclaré que s'il faisait commettre un acte aussi barbare et aussi impolitique dans le moment actuel, l'armée française de terre et de mer serait irritée, et, Alger une fois en son pouvoir, il ne devait pas douter un seul instant que toute la population et lui aussi, avant tous, seraient passés au fil de l'épée : « Prenez donc bien garde, c'est là le sort qui pourrait vous attendre. » Ces paroles fortes de la part d'un homme aussi respectable que sensible à notre cruelle position et auquel nous devions déjà mille reconnaissances, firent tant d'impression sur le ministre qu'il ne tarda pas de les faire connaître au dey, qui non seulement ordonna de suspendre l'ordre, mais encore contribua à nous décharger de nos chaînes.

Ce récit étant fini, nous nous séparâmes de papa Aubert, et à 4 heures du soir nous rentrâmes à bord.

Du 7. — Beau temps, calme plat. A 8 heures jolie petite brise du large. A 10 heures un vaisseau anglais vient au mouillage, met le pavillon français au grand mât et salue sous voile le vaisseau amiral de vingt et un coups de canon. *L'Amiral* rend le salut à l'*Asie*. A 11 heures une frégate sarde de 60 vient au mouillage, salue sous voile l'*Amiral*, en mettant le pavillon français au grand mât.

L'*Amiral* rend le salut. A 11 h. 1|2, cette même frégate salue le vaisseau anglais ; le vaisseau rend le salut ; les deux commandants vont à bord de l'*Amiral*.

A midi nous descendons à terre et nous nous empressons d'aller voir les désastres occasionnés par l'explosion du fort l'Empereur. On ne peut passer, tout est en ruine. On ne rencontre que des amas de terre ; on ne peut presque pas se faire une idée de l'état primitif de cette forteresse dont un angle seul existe, celui du sud. C'est sur cet angle que flotte le drapeau de Saint-Louis.

Du 8. — A peine le jour commence à dorer l'horizon de sa pourpre, que la vigie de notre mât de misaine fait prévenir l'officier de quait qu'elle aperçoit une voile au loin à l'horizon. On en avise le commandant. Le commandant, après quelques instants, donne l'ordre d'agiter le télégraphe et prévient l'*Amiral* qui se trouvait mouillé le plus près de terre possible.

L'*Amiral* nous donne l'ordre d'aller reconnaître ce bâtiment. Nous mettons sous voiles et, par une jolie brise de l'ouest nous ne tardons pas à reconnaître que c'est un navire marchand. Il était 7 heures ; nous lui tirons un coup de canon, il met en travers et nous fait voir ses couleurs. Le commandant fait un mouvement d'étonnement, et appelle son état major. On voit, on regarde avec la longue-vue, et c'est avec la plus grande surprise que nous apercevons le pavillon tricolore.

Aussitôt notre commandant, aussi sage que prudent, fait tirer un second coup de canon et fait amener notre pavillon. Le capitaine marchand comprit bien que c'était lui dire d'amener le sien. Il le fit. Nous nous portons sur lui, et à 8 heures nous étions par son travers. Nous lui passons au vent et, mettant ensuite aussi en travers, nous lui crions avec le porte-voix : « De quelle nation êtes-vous ? — Français. — D'où venez-vous ? — de Marseille. — Que venez-vous faire à Alger? — Je suis chargé de dépêches pour l'Amiral ; le drapeau tricolore flotte en France ; Louis-Philippe est proclamé roi des Français. »

Le commandant dit au capitaine que les circonstances d'Alger étant très délicates, il devait s'abstenir de hisser ses couleurs en venant au mouillage. Nous mettons immédiatement toutes voiles dessus et, une heure après, le commandant est à bord de l'*Amiral* qui donne l'ordre au bâtiment marchand de mouiller à côté de l'*Alerte* sans mettre de pavillon. Défense de communiquer, lui et nous, avec la terre et avec les bâtiments de l'escadre. Le capitaine marchand est appelé à bord de l'*Amiral*. Il est conduit par une embarcation de l'*Alerte*. Une fois à l'échelle, on fait pousser l'embarcation au large pour empêcher les matelots de parler entre eux.

Une heure après le capitaine marchand retourne à son bord. L'Amiral fait garder à vue le bâtiment par l'*Alerte*. Il fait signal avec le télégraphe à tous les bâtiments de l'escadre de ne pas communiquer avec la terre.

Du 9. — Le bateau à vapeur le *Sphinx* arrive et confirme par des dépêches ministérielles ce qui

est arrivé en France pour ce changement de gouvernement.

L'Amiral, qui reçoit le bâton de maréchal, est con-
firmé dans son commandement de général en chef
des troupes de terre et de mer. Il fit part, au général de Bourmont, des évènements politiques et
prit les mesures d'ordre que la prudence exigeait
dans un cas aussi difficile et aussi délicat.

Le Général dit à l'Amiral que son intention
n'étant pas de servir le nouveau gouvernement,
il demandait à se retirer à Gibraltar. Cette faveur
lui fut accordée, et à 8 heures du matin il partit
sur la frégate *la Didon*.

A 10 heures on fit branle-bas de combat, toute
l'escadre s'embossa devant la ville. On passa la
grande revue, l'Amiral à ses marins, le chef de l'armée de terre à ses troupes. Là, ils firent connaître
les changements politiques survenus en France. Un
discours fut prononcé par l'Amiral en faveur de
la cause nationale. Copie de ce discours est lue
par MM. les commandants aux marins placés sous
leurs ordres. Les marins sont sur les vergues et les
troupes de terre le long des remparts.

En arborant à un même instant le pavillon tricolore sur les bâtiments et les forts de la ville, les
équipages font retentir par trois fois le cri de:
« Vive le roi! Vive l'amiral Duperré! Vive le
drapeau tricolore. » Les troupes de terre répon-
dent à ce même cri avec enthousiasme et tous
les bâtiments et les forts saluent par 21 coups de
canon le drapeau national. Tous les bâtiments sont
pavoisés, l'Amiral donne l'ordre qu'une bordée

de chaque bâtiment en grande tenue descende à terre. Cette journée se passa dans l'ordre le plus parfait. Nos marins rentrent à bord à 6 heures du soir.

Du 12. — Une frégate américaine vient au mouillage avec jolie petite brise du large. En arrivant et sous voiles elle met au grand mât un grand pavillon tricolore et salue de 21 coups de canon. Après elle salue notre amiral. L'*Amiral* rend le salut coup par coup, en mettant au grand mât le pavillon américain. Après il fait signal à la frégate la *Bellone* de rendre son salut. Le commandant américain vient à bord de l'*Amiral*.

Du 13. — Une frégate sarde, une corvette hollandaise, un beau brick espagnol et le même vaisseau anglais qui était venu le 7 juillet sur rade, mettent le pavillon tricolore au grand mât et saluent. Plus tard ils saluent l'*Amiral*. L'*Amiral* rend le salut national coup par coup et par bâtiment. La *Créole* répond au salut de la corvette hollandaise, l'*Alerte* répond au brick espagnol, et le *Trident* à l'anglais. A 6 h. 1[2 du soir une corvette sarde mouille sur rade. Le matin à 8 heures elle met sous voiles et salue l'*Amiral* en mettant le pavillon tricolore au grand mât. L'*Amiral* répond à ce salut coup par coup et fait signal à la *Créole* de rendre le salut que ce bâtiment fait à la personne de l'Amiral.

Du 13 au 18. — Rien de nouveau.

Le 18, nous sommes expédiés pour France avec des dépêches. Nous entrons en rade de Toulon le 23, où nous sommes admis le même jour à la libre pratique. Le 25, notre commandant, de Nerciat, est remplacé par M. Salvy, et nous recevons l'ordre d'entrer au bassin, afin d'être en état de faire le voyage des mers du Sud, où nous devons porter à M. le contre-amiral de Grivel, commandant la station du Brésil à Rio-Janeiro et faire reconnaître aux nations de ces contrées les nouvelles couleurs adoptées par la nation française.

Nous entrons au bassin le 26 où le bâtiment est en radoub. J'en fais le désarmement.

Toulon le 26 juillet 1830.

DE BEAUREGARD.

Ordre du jour adressé à l'armée le 10 mai 1830, par le général en chef, comte de Bourmont.

« SOLDATS,

« L'insulte faite au pavillon français vous appelle au delà des mers. C'est pour le venger qu'au signal donné du haut du trône, vous avez tous brûlé de courir aux armes et que beaucoup d'entre vous ont quitté le foyer paternel.

« A plusieurs époques les étendards français ont flotté sur la plage africaine. La chaleur du climat, la fatigue des marches, les privations du désert, rien n'a pu ébranler ceux qui vous y ont devancés. Leur courage tranquille a suffi pour repousser les attaques tumultueuses d'une cavalerie brave, mais indisciplinée. Vous suivrez leur glorieux exemple.

« Les nations civilisées des deux mondes ont les yeux fixés sur vous : leurs vœux vous accompagnent. La cause de la France est celle de l'humanité ; montrez-vous dignes de votre mission : qu'aucun excès ne ternisse l'éclat de vos exploits ; terribles dans le combat, soyez justes et humains après la victoire, votre intérêt le commande autant que le devoir. Trop longtemps opprimé par une milice avide et cruelle, l'Arabe verra en vous des libérateurs. Il implorera votre alliance. Rassuré par votre bonne foi, il apportera dans nos corps les produits de son sol. C'est ainsi, que rendant la guerre moins longue et moins sanglante, vous remplirez les vœux d'un souverain aussi avare du sang de ses sujets que jaloux de l'honneur de la France.

« Soldats, un prince auguste vient de parcourir vos rangs. Il a voulu se convaincre lui-même que rien n'avait été négligé pour assurer vos succès et pourvoir à vos besoins. Sa constante sollicitude vous suivra dans les contrées inhospitalières où vous allez combattre. Vous vous en rendrez dignes en observant cette discipline sévère qui valut à l'armée qu'il conduit à la victoire, l'estime de la France et celle de l'Europe entière. »

Ordre du jour du vice-amiral Duperré à bord du vaisseau La Provence.

« Officiers, Sous-Officiers et Soldats,

« Appelés, avec vos frères d'armes de l'armée expéditionnaire, à prendre part aux chances d'une entreprise que l'honneur et l'humanité commandent, vous devez aussi en partager la gloire. C'est de nos efforts communs et de notre parfaite union que le Roi et la France attendent la réparation de l'insulte faite au pavillon français.

« Recueillons les souvenirs qu'en pareille circonstance nous ont légués nos pères. Imitons-les et le succès est assuré.

« Partons. — Vive le Roi !

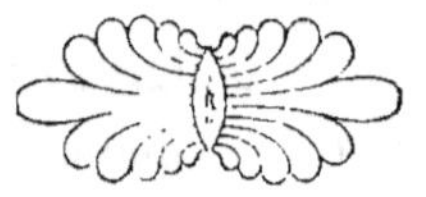

Aix. — Imprimerie J. NICOT, 16, rue du Louvre. — 0274